国务院关于规范中介机构
为公司公开发行股票提供服务的规定

中国法治出版社

国务院关于规范中介机构为公司公开发行股票提供服务的规定
GUOWUYUAN GUANYU GUIFAN ZHONGJIE JIGOU WEI GONGSI GONGKAI FAXING
GUPIAO TIGONG FUWU DE GUIDING

经销/新华书店
印刷/保定市中画美凯印刷有限公司
开本/850 毫米×1168 毫米　32 开　　　　　　　　印张/0.5　字数/6 千
版次/2025 年 2 月第 1 版　　　　　　　　　　　　2025 年 2 月第 1 次印刷

中国法治出版社出版
书号 ISBN 978-7-5216-5028-0　　　　　　　　　　定价：5.00 元

北京市西城区西便门西里甲 16 号西便门办公区
邮政编码：100053　　　　　　　　　　　传真：010-63141600
网址：http://www.zgfzs.com　　　　　编辑部电话：010-63141673
市场营销部电话：010-63141612　　　　印务部电话：010-63141606

（如有印装质量问题，请与本社印务部联系。）

国务院关于规范中介机构
为公司公开发行股票提供服务的规定

中国法治出版社

目　　录

中华人民共和国国务院令（第798号） …………（1）

国务院关于规范中介机构为公司公开发行股
　　票提供服务的规定 ……………………………（2）

司法部、财政部、证监会负责人就《国务院
　　关于规范中介机构为公司公开发行股票提
　　供服务的规定》答记者问 ………………（7）

中华人民共和国国务院令

第 798 号

《国务院关于规范中介机构为公司公开发行股票提供服务的规定》已经2024年12月23日国务院第49次常务会议通过，现予公布，自2025年2月15日起施行。

总理　李强

2025 年 1 月 10 日

国务院关于规范中介机构
为公司公开发行股票提供服务的规定

第一条 为了规范中介机构为公司公开发行股票提供服务行为，提高上市公司质量，保护投资者合法权益，促进资本市场健康稳定发展，制定本规定。

第二条 证券公司、会计师事务所、律师事务所等机构（以下统称中介机构）为公司在中华人民共和国境内公开发行股票提供服务收取费用等相关活动，适用本规定。

第三条 中介机构为公司公开发行股票提供服务，应当遵循诚实守信、勤勉尽责、独立客观的原则，同时配备具有相应专业能力和资质的从业人员，建立有效的利益冲突审查等风险控制制度。

第四条 中介机构为公司公开发行股票提供服务，不得有配合公司实施财务造假、欺诈发行、违规信息披露等违法违规行为，制作、出具的文件不得有虚假记载、误导性陈述或者重大遗漏。

第五条 中介机构应当遵循市场化原则，根据工作量、所需资源投入等因素合理确定收费标准，并与发行人在合同中约定收费安排。

第六条 证券公司从事保荐业务，可以按照工作进度分阶段收取服务费用，但是收费与否以及收费多少不得以股票公开发行上市结果作为条件。

证券公司从事承销业务，应当符合国务院证券监督管理机构的规定，综合评估项目成本等因素收取服务费用，不得按照发行规模递增收费比例。

第七条 会计师事务所执行审计业务，可以按照工作进度分阶段收取服务费用，但是收费与否以及收费多少不得以审计结果或者股票公开发行上市结果作为条件。

第八条 律师事务所为公司公开发行股票提供服务，应当由律师事务所统一收费，并符合国务院司法行政等部门关于律师服务收费的相关规定。

第九条 中介机构及其从业人员不得存在以下情形：

（一）在合同约定之外收取费用，或者以临时加价等方式变相提高收费标准；

（二）通过签订补充协议、另行约定等方式规避监管收取服务费用，或者违反规定在不同业务之间调节收取服务费用；

（三）违反规定入股，或者通过获取股票公开发行上市奖励费等方式谋取不正当利益；

（四）其他违反国家规定的收费或者变相收费行为。

第十条 地方各级人民政府不得以股票公开发行上市结果为条件，给予发行人或者中介机构奖励。

第十一条 发行人申请公开发行股票时，应当在所报送的招股说明书或者其他相关信息披露文件中详细列明各类中介服务收费标准、金额以及发行人付费安排等信息。

第十二条 证券监督管理、财政、司法行政等部门应当加强信息沟通和协调配合，按照职责分工，依法对中介机构执业行为加强监管；必要时可以采取联合现场检查等措施，依法查处违法违规行为。

第十三条 中介机构违反本规定的，由证券监督管理、财政、司法行政、市场监督管理等部门按照职责分工责令改正，给予警告，没收违法所得，可以并处违法所得1倍以上10倍以下罚款；没有违法所得或者违法所得不足10万元的，可以并处10万元以上100万元以下罚款；对直接负责的主管人员和其他直接责任人员给予警告，可以并处10万元以上100万元以下罚款。法律另有规定的，从其规定。

中介机构从业人员违反本规定第九条规定的，由证券监督管理、财政、司法行政等部门按照职责分工责令改正，给予警告，没收违法所得，可以并处违法所得1倍以上10倍以下罚款；没有违法所得或者违法所得不足10万元的，可以并处10万元以上100万元以下罚款；情节严重的，可以并处暂停从事相关业务1个月至1年。法律另有规定的，从其规定。

第十四条 发行人违反本规定第十一条规定的，由证券监督管理机构责令改正，给予警告，可以并处10万元以上100万元以下罚款；对直接负责的主管人员和其他直接责任人员给予警告，可以并处10万元以上100万元以下罚款。发行人的控股股东、实际控制人组织、指使从事上述违法行为，或者隐瞒相关事项导致发生上述情形的，处10万元以上100万元以下罚款；对直接负责的主管人员和其他直接责任人员给予警告，并处10万元以上100万元以下罚款。

第十五条 国务院证券监督管理机构依法将中介

机构遵守本规定的情况纳入证券市场诚信档案。

第十六条 自本规定施行之日起,地方各级人民政府违反本规定第十条规定,给予发行人或者中介机构奖励的,应当追回,并由有关机关对负有责任的领导人员和直接责任人员依法给予处分。

第十七条 中介机构为公司公开发行存托凭证、可转换为股票的公司债券提供服务的,参照适用本规定。

第十八条 国务院证券监督管理、财政、司法行政等部门可以根据本规定制定实施办法。

第十九条 本规定自2025年2月15日起施行。

司法部、财政部、证监会负责人就《国务院关于规范中介机构为公司公开发行股票提供服务的规定》答记者问

2025年1月10日,国务院总理李强签署第798号国务院令,公布《国务院关于规范中介机构为公司公开发行股票提供服务的规定》(以下简称《规定》),自2025年2月15日起施行。日前,司法部、财政部、证监会负责人就《规定》的有关问题回答了记者提问。

问:《规定》出台的背景和意义是什么?

答: 党中央、国务院高度重视资本市场健康发展。中央金融工作会议强调,要着力规范市场秩序,培育独立、客观、公正、规范的中介机构。提高上市公司质量是推动资本市场健康发展的内在要求,关系广大投资者的切身利益,证券公司、会计师事务所、律师事务所等机构(以下统称中介机构)在推动公司上市

和融资的过程中，发挥了"看门人"的重要作用。但部分中介机构在为公司公开发行股票提供服务的过程中，存在收费与公司股票发行上市结果挂钩，诱发财务造假等问题。我国现行会计法、证券法等法律对中介机构编制虚假财务会计报告、配合实施财务造假等行为规定了监管措施和法律责任，但是针对具体收费行为的监管尚缺乏相应规范。

出台《规定》，进一步加强对中介机构收费等相关行为的监管，防止中介机构与发行人不当利益捆绑，有利于提高上市公司质量，保护投资者合法权益，促进资本市场健康稳定发展。

问：请介绍一下《规定》的起草过程？

答：在《规定》制定过程中，起草部门严格按照科学立法、民主立法、依法立法有关要求，按程序广泛听取各方面意见。司法部、财政部、证监会在起草过程中，通过实地走访、召开座谈会等方式，听取了证券交易所、证券公司、会计师事务所、律师事务所、上市公司、拟上市公司以及相关地方监管部门、行业协会的意见；先后四轮书面征求中央有关单位、地方人民政府意见，同时还向社会公开征求意见。在此基础上，对各方提出的意见建议逐条认真研究，充分吸收采纳合理意见，反复修改完善形成草案，按照立法程序提请国务院常务会议审议后公布施行。可以说，《规定》广泛凝聚立法共识，是对全过程人民民主的努力践行。

问：《规定》的适用范围和总体思路？

答：《规定》适用于中介机构为公司在中华人民共和国境内公开发行股票提供服务收取费用等相关活动。制定《规定》主要遵循以下思路：一是坚持问题导向。聚焦规范中介机构在服务公司公开发行股票过程中的收费行为，增强中介机构独立性。二是坚持分类施策。在对中介机构作统一规范的前提下，针对行业特点，对不同中介机构提出了特定的监管要求。三是坚持从严监管。规范中介机构收费问题，加大对相关违法行为的惩治力度，促进资本市场健康稳定发展。

问：《规定》对中介机构为公司公开发行股票提供服务提出了哪些要求？

答：结合资本市场实践并与《证券法》等法律衔接，《规定》对中介机构为公司公开发行股票提供服务作了如下规定：一是应当遵循诚实守信、勤勉尽责、独立客观的原则。二是要配备具有相应专业能力和资质的从业人员，建立有效的利益冲突审查等风险控制制度。三是不得有配合公司实施财务造假、欺诈发行、违规信息披露等违法违规行为，不得协助不符合法定条件和要求的公司通过上述方式公开发行股票。四是制作、出具的文件不得有虚假记载、误导性陈述或者重大遗漏。

问：《规定》关于中介机构收费作了哪些规定？

答：《规定》明确了中介机构为公司公开发行股票提供服务的收费原则，规定中介机构应当遵循市场化原则，根据工作量、所需资源投入等因素合理确定收费标准，并对各类中介机构提出了具体要求：一是规定证券公司从事保荐业务，可以按照工作进度分阶段收取服务费用，但不得以股票公开发行上市结果作为收费条件；证券公司从事承销业务，应当符合国务院证券监督管理机构的规定，综合评估项目成本等因素收取服务费用，不得按照发行规模递增收费比例。二是规定会计师事务所执行审计业务，可以按照工作进度分阶段收取服务费用，但不得以审计结果或股票公开发行上市结果作为收费条件。三是规定律师事务所为公司公开发行股票提供服务，应当由律师事务所统一收费，并符合国务院司法行政等部门关于律师服务收费的相关规定。

问：《规定》的出台对中介机构的收费是否产生影响？

答：《规定》立足于规范中介机构在服务公司公开发行股票过程中的收费行为，推动行业收费标准更加公开、公正、透明，增强中介机构独立性，不影响中介机构的正常收费行为。《规定》提出的具体要求，是对中介机构收费行为的进一步规范，目的是防止相关收费行为影响其客观公正执业，有利于形成公平、规范的市场秩序。实践中，绝大部分中介机构在执业过程中能够规范收费，对于少数不符合《规定》要求的收费行为，中介机构与发行人应当及时改正，否则将承担相应的法律责任。

问：为何规定地方人民政府不得给予发行人或者中介机构奖励？

答：实践中，有的地方人民政府希望通过给予发行人或者中介机构奖励，提高当地企业成功上市的几率，并以此产生带动区域经济的示范效应，然而逐步显现出一些弊端：一是可能引起区域之间的恶性竞争，增加财政负担，扭曲政绩观；二是可能诱导中介机构追求短期利益，偏离"看门人"的角色定位。因此，需要进一步约束地方政府的奖励行为，营造市场化、法治化营商环境，促使公司上市回归到支持实体经济发展的本源上来。

《规定》明确，自本规定施行之日起，地方各级人民政府违反规定给予发行人或者中介机构奖励的，应当追回。但根据相关法律规定，对《规定》施行前政府已经给予的奖励，不予追回。

问：如何推进《规定》的贯彻实施？

答： 证监会、财政部、司法部等部门将加强信息沟通与协调配合，按照职责分工，依法对中介机构执业行为加强监管，确保《规定》的有效实施。一是加强宣传指导。组织各级证券监督管理、财政、司法行政等部门工作人员开展学习培训，确保《规定》得到准确理解和严格执行。引导中介机构规范服务行为，促进行业健康发展。二是严格落实《规定》。在日常监管工作中，以查促改，督促中介机构规范收费行为。加大对相关业务收费情况的执法检查力度，发现存在违反《规定》的相关情形的，依法依规严肃处理。三是加强沟通合作。各级证券监督管理、财政、司法行政等部门健全完善工作机制，密切配合，形成合力，共同做好《规定》贯彻实施工作，切实提高上市公司质量，保护投资者合法权益，促进资本市场健康稳定发展。

ISBN 978-7-5216-5028-0

定价：5.00元